O Básico Esquematizado da Bolsa Para iniciantes

Rodrigo Baldin

Edição Revista e Ampliada

Impresso no Brasil 2019

Rio de Janeiro

Dedicatória

Aos meus pais, irmão, esposa e, em especial, aos meus filhos Bárbara e Arthur.

Sobre o autor

Com sólida experiência em finanças, que inclui dois concursos públicos em grandes empresas como a Caixa Econômica Federal e a Dataprev, possui ainda importantes cursos de aperfeiçoamento por renomadas instituições do mercado, como o New York Institute of Finance, a Universitat Politécnica de Valencia e Harvard. É assessor de investimentos e sócio da Triuno Investimentos.

Contatos: rodrigo.baldin@triunoinvestimentos.com.br

www.triunoinvestimentos.com.br

https://www.linkedin.com/in/rodrigo-baldin-396039b7

INTRODUÇÃO

Se existe um tabu no Brasil na hora de investir é a Bolsa de Valores. Chega-se ao absurdo de termos mais pessoas físicas hoje investindo em Bitcoins do que em ações! Também é normal o raciocínio de que abrir um negócio "faz mais sentido" do que investir na Bolsa, embora as chances de sucesso no empreendedorismo sejam reconhecidamente menores. Este livro se dedica a ajudar a abrir as portas de um mundo muito pouco explorado pelo brasileiro, para que ele conheça, invista e se interesse cada vez mais pelo mercado de capitais, ferramenta fundamental tanto no crescimento quanto na manutenção de seu patrimônio.

Enquanto que a imensa maioria dos materiais disponíveis sobre o mercado de capitais fala de estratégias, dividendos, *timing*, dentre outros conhecimentos já avançados, este livro foca no essencial, na realidade de quem está abrindo a conta na corretora agora, vendo um Home Broker pela primeira vez, com todas aquelas cotações piscando e o senso de estar perdido diante de tanta informação, de tanto número, de tanta cor.

Essa etapa inicial é fundamental para consolidar as ambições e entendimentos do investidor, mostrar-lhe a realidade e as possibilidades e, na medida do possível, evitar que ele se apavore ou cometa erros por pura falta de informação ou, o que também é muito comum, por um senso irrealista do que esperar.

Não, a Bolsa de Valores não é um cassino, e sim, a renda variável pode te ajudar muito a melhorar o seu patamar financeiro, especialmente no longo prazo.

A primeira coisa que todo investidor iniciante precisa é de uma conta em uma corretora, inclusive as corretoras dos bancos, para ter acesso ao sinal das cotações da Bolsa e poder comprar e vender ativos. Esta conta apenas recebe e envia recursos de mesma titularidade, ou seja, apenas o próprio investidor pode acessar os seus recursos ali investidos, sem movimentação de terceiros. O site da Bovespa possui uma lista de corretoras do mercado e uma consulta prévia para comparar taxas e recursos básicos, pois a maioria não tem custos na abertura da conta, serve como parâmetro inicial. Uma vez aberta a conta, basta fazer uma TED entre o banco e a corretora e, uma vez os recursos na conta da corretora o investidor estará pronto para iniciar no mercado. Vamos começar, então, falando do quão desconhecido esse mercado ainda é para a grande maioria das pessoas.

ÍNDICE

INTRODUÇÃO   pág.4

Parte 1 – O básico do básico   pág.6

Parte 2 – O que é uma ação?   pág.9

Parte 3 – Como compro uma ação?   pág.11

Parte 4 – O que eu faço com uma ação?   pág. 13

CONCLUSÃO   pág.15

Parte 1 – O básico do básico

Não adianta fugir da realidade: o desconhecimento sobre a Bolsa de Valores no Brasil é quase total. Perdi as contas de quantas vezes já me fizeram perguntas absurdas do tipo "Se eu colocar 1.000 reais hoje, eu um ano terei 10.000?", ou "Tenho 80% da minha carteira em renda fixa e quero 20% ao ano, mesmo com a SELIC em 6,5% ao ano, o que faço?". Embora muitíssimo improvável, esse primeiro raciocínio é comum e, até, esperado, como se as mágicas multiplicações patrimoniais fossem a regra e não a exceção. Ficou famosa a história recente da Betina, que alega ter alcançado um patrimônio milionário partindo de uma base bem pequena em pouco tempo.

O segundo raciocínio de ter, ao mesmo tempo, a segurança da renda fixa e a performance da renda variável em alto nível é também comum. Ora, se o TESOURO SELIC, que é o título público mais simples, está rendendo 6,5% ao ano e o cliente tem 80% da carteira dele ligado à SELIC, quanto não tem que render os restantes 20% da carteira para ele conseguir a média de 20% de valorização na carteira como um todo? Fácil perceber que é um objetivo irrealizável, quase impossível mesmo. Incríveis 74% é o que tem que ser o rendimento dos 20% restantes da carteira para o investimento global render 20% em média. Muito improvável, não?

Também não ajuda em nada a postura professoral dos profissionais do mercado, como nessa pergunta abaixo:

Pergunta: Como faço pra investir na bolsa de valores, sou iniciante

Resposta: Funciona assim. Para comprar ou vender ações, antes de mais nada, você precisa ser cliente de uma corretora de valores. Se você ainda não escolheu a sua, veja a lista de corretoras autorizadas pela Bolsa em http://www.bmfbovespa.com.br/pt-br/intro... .

Depois que você se tornar cliente, receberá orientações sobre como investir, **a melhor maneira de montar sua carteira de ações** e ainda poderá esclarecer todas as suas dúvidas com profissionais especializados no assunto, que podem fazer análises de mercado, de setores e de companhias. Com eles você poderá se informar sobre **o momento certo de comprar e vender determinadas ações** para obter melhores resultados.

Não existe valor mínimo exigido para investir em ações. Isso varia em função do preço das ações que se deseja comprar e até mesmo da corretora que o investidor escolher. Mas basicamente, há diversas formas de investir em ações:

Sozinho: o investidor procura uma corretora e contrata seus serviços. Em seguida, com a assessoria dos profissionais da corretora, o investidor escolhe as ações que deseja adquirir e transmite a ordem de compra diretamente para a corretora.

Pelos Clubes de Investimento: um grupo de pessoas físicas se reúne e procura uma corretora para constituir um Clube de Investimento. Nesse caso, existe um representante do clube, que fica em contato com a corretora para transmitir as decisões acordadas entre os participantes.

Pelos Fundos de Investimento: o investidor compra cotas de um fundo de ações, administrado por uma corretora de valores, um banco ou um gestor de recursos independente autorizado pela CVM.

Para escolher as ações, o investidor deve ponderar três fatores: liquidez (facilidade de vender a ação quando quiser resgatar), retorno (possibilidade de ganhos) e risco (possíveis perdas). A combinação desses três elementos, a critério do investidor, definirá em quais ações aplicar.

Importante: antes investir faça algumas considerações. Ganhos a curto prazo não devem ser a expectativa de quem decide investir em ações. É aconselhável que o investidor não dependa do recurso aplicado em ações para gastos imediatos e que tenha um horizonte de investimento de médio e longo prazos, quando eventuais desvalorizações das ações poderão ser revertidas.

Aproveite e visite a área de iniciantes do site da Bolsa http://www.bmfbovespa.com.br/pt-br/educa... . Lá você vai ver como se inscrever gratuitamente nos cursos, seja sobre Finanças pessoais ou ainda Como Investir em Ações. Sem falar nos cursos on-line sobre o mesmo tema. Você pode fazer agora mesmo! Acesse o curso on-line http://www.bmfbovespa.com.br/pt-br/educa... Ah, ainda tem os simuladores de investimento. Um ambiente virtual onde você pode testar suas estratégias antes de aplicar seu dinheiro de verdade. Vai lá!

Abraços,

BM&FBOVESPA – A Nova Bolsa

http://www.bmfbovespa.com.br

Twitter: http://twitter.com/Info_BMFBOVESPA

Fonte:

https://br.answers.yahoo.com/question/index;_ylt=AwrC0COZrl1cMW4AqiPz6Qt.;_ylu=X3oDMTByNXM5bzY5BGNvbG8DYmYxBHBvcwMzBHZ0aWQDBHNlYwNzcg--?qid=20100616060030AAtIMRF

Peço desculpas ao leitor, mas era obrigatório colar toda a resposta, pois ela tem vários pontos muito questionáveis, quando não equivocados mesmo. Não vou me alongar, tendo separado (em cores), apenas aqueles que considero mais importantes para a consolidação de uma ideia saudável de investimento no mercado de capitais no longo prazo.

Negrito: A melhor maneira de montar sua carteira de ações... e o momento certo de comprar e vender determinadas ações.

Ora, não existe melhor maneira, existe a que melhor se adequa aos seus objetivos, seja ter renda com dividendos ou juros sobre capital próprio, ou especulação de curto prazo (quando uma ação cai ou sobe demais, por exemplo) ou, ainda, ser acionista, ou seja, dono de uma empresa no longo prazo. Pior do que isso, porém, é imaginar ser possível saber o momento certo de comprar e vender! Essa imagem distorcida e fantasiosa de algo que sobe e desce sem razão aparente alguma é exatamente o que leva muitas pessoas a acharem que a Bolsa é um enorme cassino, onde temos que correr e colocar os eventuais lucros no bolso logo, antes que a maré encha e nos afogue. De jeito algum! Como veremos adiante, a Bolsa é um excelente porto para os investimentos a longo prazo, suas perspectivas de crescimento e geração de renda são excelentes. Basta saber o que está fazendo, sem ilusões ou expectativas irrealistas.

Vermelho: Não existe valor mínimo exigido para investir em ações.

Existe sim uma relação clara entre as taxas para se investir em ações, que são relativamente altas e os retornos esperados. Falaremos sobre este tópico em separado mais adiante, quando tratarmos das tarifas e dos serviços, mas dá pra adiantar que a imensa maioria das vezes em que o investidor decide comprar uma ação pela primeira vez ele não o faz com uma soma expressiva de dinheiro, o que praticamente prejudica sua rentabilidade por um bom tempo. Também veremos como uma série de serviços podem ajudar o investidor, ao mesmo tempo em que o desconhecimento pode prejudicá-lo seriamente, entendendo o conceito de custo de oportunidade.

Por fim, azul: Para escolher as ações, o investidor deve ponderar três fatores: liquidez (facilidade de vender a ação quando quiser resgatar), retorno (possibilidade de ganhos) e risco (possíveis perdas). A combinação desses três elementos, a critério do investidor, definirá em quais ações aplicar.

Confesso que fiquei mais confuso ao ler a resposta do que se não tivesse lido nada. Combinação de elementos? Liquidez? Retorno e risco, então, é como falar para um paciente momentos antes de uma cirurgia que ele tem x% de chances de morrer e, se tudo der certo, ele vai ficar x% melhor. Calma! Respire fundo! Ignore por um minuto todo o barulho de fundo que fazem quando o assunto é investir em ações e foque no seguinte pensamento: "Estou comprando uma ação, que é uma pequena parte de uma empresa. Não quero comprar uma empresa que seja uma porcaria, quero sim uma empresa boa, para ser dono de algo que valha a pena".

É exatamente assim que devemos começar.

Parte 2 – O que é uma ação

Uma ação é a menor quantidade representativa de uma empresa. Se uma empresa vale 1.000.000 (um milhão) e tem 1.000.000 (um milhão) de ações, o valor patrimonial (VPE, na sigla em inglês) de cada ação é, portanto, 1 real. Nem todas as empresas negociam suas ações no mercado, apenas as de capital aberto e ao fazê-lo pela primeira vez a empresa lança o chamado IPO.

IPO – INITIAL PUBLIC OFFERING
Oferta pública inicial de ações

Valor patrimonial de uma ação (VPE)
Valor da divisão do capital de uma empresa pela quantidade de ações que ela possui

Vários fatores influenciam no valor em que uma ação é negociada. Um deles é o valor patrimonial, que vimos acima. Existem diversos outros fatores muito importantes, como lucros atuais, expectativa de lucros futuros, participação de mercado (market share), perspectivas de crescimento...

Faz sentido pensar que a ação possa valer várias vezes mais do que o seu valor patrimonial, ou até mesmo menos, quando suas perspectivas são muito negativas.

As ações são negociadas a partir do seu código (ticker), composto no Brasil por letras e números. Abaixo temos alguns poucos exemplos, ressaltando que nem sempre o código lembre imediatamente de que empresa estamos falando, embora essa seja a regra:

PETR4	Petrobrás - ações **preferenciais**
PETR3	Petrobrás - ações **ordinárias**
VALE3	Vale (**Novo Mercado**)
RENT3	Localiza

A diferença entre ações preferenciais (com prioridade na hora de receber os dividendos/juros sobre capital próprio - JCP) e as ações ordinárias (direito a voto nas assembleias de acionistas) vem diminuindo a cada dia, com as empresas optando por unificar as ações em um Novo Mercado.

DIVIDENDOS / JCP

Remuneração paga pela empresa aos acionistas. O dividendo é isento de IR, o JCP paga alíquota de 15%

Saber quanto a empresa remunera é uma consideração muito importante para o investidor, pois é a medida básica de retorno do seu aporte. O indicador para isso se chama dividend yield, sendo normalmente apresentado em retorno percentual por ano.

DIVIDEND YIELD (DY)

Índice que mede a remuneração paga pela empresa aos acionistas, em termos percentuais

---

Abaixo, temos uma pequena lista de ações e seus respectivos DY em 2018:

AÇÃO	DY (em %)
ITSA4 - Itaú	10,58%
PSSA3 - Porto Seguro	9,91%
BRKM5 - Braskem	8,33%
BBSE3 - BB Seguridade	6,30%
MPLU3 - Multiplus	7,68%

Fonte: https://www.infomoney.com.br/onde-investir/acoes/noticia/7540781/as-20-empresas-com-maior-dividend-yield-em-2018

No atual cenário de juros historicamente baixos no Brasil, com a Taxa Selic em 6,5% ao ano, a atratividade de uma ação que paga de DY os valores acima pode ser considerada muito alta. Melhor ainda é a comparação com o investimento mais popular entre os brasileiros, a poupança, que está rendendo 4,55% ao ano. Ou seja, várias empresas pagam o dobro da poupança em remuneração aos seus acionistas, fora a valorização da ação. Devidamente reaplicados, a longo prazo, essa remuneração tende a impactar decisivamente na formação patrimonial, gerando um crescimento, em geral, muito superior àquele que se pode esperar da renda fixa. Mais adiante falaremos de outras rendas que podem ser acrescidas ao patrimônio do acionista, aumentando ainda mais o impacto.

Por ora, decididos a comprar ações e entrar na Bolsa, é momento de ver os caminhos para operar no mercado.

Parte 3 – Como compro uma ação?

Por incrível que pareça, o salto de qualidade entre decidir comprar uma ação e efetivamente finalizar o processo parece um abismo para a grande maioria dos brasileiros. Reais ou imaginárias, as dificuldades parecem intransponíveis, deixando de fora uma quantidade muito grande de pessoas que, com mais informação e atenção, certamente buscariam avançar no mercado de capitais. Irei abordar aqui as objeções e problemas mais comuns, apontando o caminho mais adequado para avançar com o melhor horizonte possível.

O primeiro absurdo é se deixar seduzir pelos Fundos de investimento em ações com uma ação só. Todos os grandes bancos brasileiros têm este produto sem qualquer inteligência de gestão e cobram caríssimo para fazer algo tão simples quanto comprar e vender ações. Parece fácil e prático abrir o seu internet banking, clicar em investimentos e ver lá o "Fundos Petrobrás", ou o "Fundo Vale" e comprar. Confesso que, décadas atrás, foi exatamente assim o meu primeiro investimento no mercado, mas muito rapidamente eu pude perceber o óbvio: porque vou pagar taxa de administração alta (2% ao ano, ou até mais!) para fazer algo que eu posso fazer sozinho facilmente?

Quer dizer que, se a ação subir 2% em um ano eu não ganho nada? Sim, exato. Você devolve o que ganhou, pagando a taxa de administração. Ao passo que, se você abre uma conta gratuita em uma corretora de valores, paga a corretagem e as taxas da operação de compra, que não são nenhum absurdo e pronto. Nunca mais.

> Nunca, nunca, nunca, NUNCA invista em um fundo de investimentos de uma ação só!

Outra coisa que você nunca deve fazer é pagar taxa de custódia ou manutenção de ações. Existem diversas corretoras no mercado que não cobram e oferecem um bom serviço, portanto não faz sentido aceitar que seu banco, ou mesmo sua corretora, cobre por algo que não te traz benefício algum.

> **Taxa de custódia, ou taxa de manutenção, nem pensar!**

Na hora de enviar os recursos da sua conta corrente bancária para a sua conta corrente na corretora, uma vez que os recursos só podem transitar entre contas de mesma titularidade (nunca entre terceiros), um custo significativo é o da TED, ou, mesmo em desuso, o DOC. Imagine fazer um aporte mensal bacana de 1.000 reais e pagar 16,90 de TED, o equivalente a 1,69% do investimento jogado no lixo...

Não faça isso! Também não se deixe enganar pelos pacotes de tarifas dos bancos, que costumam ser caros demais para o que entregam (a não ser que você faça um volume de transferências que justifique a aquisição de um pacote desses). Infelizmente, canso de ouvir coisas como "deixa lá, é pouquinho"; "não vou brigar", etc. É seu e você não deve doar ao banco, pois é isso que você está fazendo quando paga por algo que não usa, ou compra algo que não serve. Você doa. Convenhamos que o banco não precisa da sua doação, certo?

Deixe de preguiça e abra uma conta digital em uma fintech, ou banco digital que isente esse tipo de transferências e pronto.

AÇÃO: PETR4	BOOK DE OFERTAS	ÚLTIMO	26,25
COMPRA	QTDE	VENDA	QTDE
26,25	100	26,26	300
26,25	200	26,26	100
26,24	1.000	26,27	1.000
26,20	3.000	26,27	1.000

Usando o box de cotações simulado acima, vamos supor que um investidor queira aplicar 15 mil reais em ações preferenciais da Petrobrás (PETR4), como ele deve proceder?

Primeira coisa é ver quantas ações ele pode comprar pela última cotação (15.000/26,25 = 571,42), mas, antes ele deve prever as taxas que vai pagar (corretagem, emolumentos, registro, etc.). Vamos imaginar 20 reais de taxas ao todo, algo bem razoável para a realidade do mercado. Dessa forma, ele teria 14.980 para investir líquido e poderia comprar 570,66 ações.

Como vimos quando falamos do mercado fracionado (ações em lotes de 1 a 99), ele teria que comprar 500 ações de lote padrão e o restante ficaria na conta para, se ele quiser, comprar as fracionadas depois, com outras despesas, pois se trataria de outra ordem.

Assim, a ordem de compra seria de 500 ações a 26,27, uma vez que só temos 400 ações para venda a 26,26 no book de ofertas na venda. Ele acabaria comprando, portanto, 400 ações a 26,26 e 100 a 26,27, mais os 20 reais de taxas, a saber:

COMPRA 400 x 26,26 = 10.504

COMPRA 100 x 26,26 = 2.626

Taxas = 20

TOTAL INVESTIDO = 13.150

SALDO EM CONTA = 1.850

Como este saldo de 1.850 não é suficiente para comprar mais um lote padrão de 100 ações da PETR4, ou o investidor compra no mercado fracionário ou aplica, por exemplo, em TESOURO SELIC, para não deixar o valor parado.

As ações têm sua liquidação financeira, sua finalização, em 3 dias úteis após a compra (D+3), o que quer dizer que, embora vc tenha investido o valor agora, ele só será efetivamente descontado da sua compra nessa data e é assim que deverá aparecer no extrato do cliente:

SALDO EM CONTA: 15.000

OPERAÇÕES EM D+3: -13.150

SALDO PROJETADO: 1.850

Parte 4 – O que eu faço com uma ação?

Não, não vou te ensinar a rezar. Se você quer comprar uma ação e esquecer, torcendo e rezendo para subir apenas, o que no jargão do mercado se diz *buy and hold* (comprar e segurar), tudo bem, mas não há necessidade de ficar apenas nisso. Existem possibilidades simples de fazer o seu patrimônio em ações crescer e, dentre uma gama extensa e fora do propósito mais básico desse livro, vou citar apenas 3: a) dividendos e juros sobre capital próprio, b) aluguel de ações e c) lançamento coberto. Vamos lá.

4.1) Dividendos e juros sobre capital próprio (DY)

Já vimos o que é DY e agora fica mais fácil ver o impacto que essa remuneração paga ao acionista deve ter na escolha dos seus investimentos.

AÇÃO	DY 2018	Aluguel	TOTAL AO ANO
EZTC3	16,29%	4,20%	20,49%
PSSA3	9,91%	8,08%	17,99%
EGIE3	8,77%	7,02%	15,79%

Fonte: http://www.bmfbovespa.com.br/pt_br/servicos/emprestimo-de-ativos/renda-variavel/emprestimos-registrados/renda-variavel-1.htm?data=11/09/2018&f=0, *https://www.infomoney.com.br/onde-investir/acoes/noticia/7540781/as-20-empresas-com-maior-dividend-yield-em-2018* e elaboração própria.

O Quadro acima mostra a relevância de um dividendo alto. Alguém que investisse 100 reais na EZTC3 no início de 2018 receberia 16,29 somente a título de remuneração, sem contar a subida da ação e, ainda, sem contar o próximo tópico de valorização das ações que tratamos aqui, o aluguel de ações.

4.2) **Aluguel de Ações (Custódia Remunerada)**

Agora peguemos o exemplo acima e imaginemos alguém que investiu 100,00 em PSSA3 (Porto Seguro) no início de 2018. A empresa pagou a ele 9,91 e ele ganhou mais 8,08 de aluguel! É muito grande a quantidade de pessoas que eu ainda vejo que tem ações e não sabem que elas podem ser alugadas, gerando renda extra e sem prejuízo algum na custódia. O pagamento do aluguel é feito por meio da sua conta na corretora mesmo, após a devolução total ou parcial de um contrato. Além disso, você segue recebendo frutos da ação mesmo alugada, ganhando eventuais dividendos e juros no período. Em geral, inclusive, mesmo durante o aluguel você pode vender suas ações a qualquer momento, o que faz desse um serviço muito interessante e que deve ser básico na escolha de qualquer corretora e na administração de qualquer carteira de ações.

4.3) **Lançamento coberto de opções (financiamento)**

Por fim, vale indicar uma estratégia usando derivativos (opções) bem simples e direta para os possuidores de ações em custódia, como é o caso aqui nesta introdução. Você comprou ações e elas estão lá paradas, certo? Você sabia que vc pode ser bem pago à vista por um contrato para vender suas ações num futuro próximo, acima do seu preço atual? Em outras palavras, você pode receber um valor agora e só entregar suas ações, se for o caso, por um valor maior do que o atual?

Um exemplo: eu tenho ações da empresa XXYY3, compradas por 50 reais em janeiro. Vou lá no home broker e vejo que um contrato de opções para comprar minhas ações em fevereiro por 51 reais está pagando 1 real. Ora, 1 real equivale a 2% do investimento e eu só vendo se for por 51, ou seja, mais 2% acima. O ganho total, portanto, se chegar ou passar de 51 reais é de 4%.

O lado ruim dessa renda extra (sim, pois este 1 real do contrato entra na sua conta e vira renda, sendo taxado em 15% de IR) é que o investidor limita ganhos possivelmente maiores. Se o a ação subir 5% e for a 52,50, no nosso caso o investidor terá ganho 1 real de contrato e 1 real a mais no preço de venda (strike, no jargão do mercado), 52. Ele deixa de ganhar 0,50.

Em contrapartida, se a ação cair a 49 ele não terá perdido nada, pois já recebeu 1 real à vista e seu novo preço é 50-1=49. Enquanto um acionista comum perdeu 1, ele não perdeu nada. E assim por diante, em 50 o acionista comum nada ganhou, enquanto ele ganhou 1 e por aí vai.

CONCLUSÃO

Comprar e manter ações em custódia com frequência e olhando o longo prazo faz parte da estratégia de qualquer pessoa que queira mudar de patamar financeiro na vida. Colocar essas ações para "trabalhar", escolhendo boas empresas que paguem sólidos dividendos, alugando suas ações, ou mesmo vendendo opções cobertas é estratégia fundamental, básica mesmo, e deveria fazer parte do vocabulário de todo investidor iniciante. As ferramentas para isso estão todas no mercado, são de fácil acesso e a elas vem se somar este livro, que tão somente buscou incentivar o que já deveria ser uma regra: a autonomia e a busca por opções de investimento na renda variável por parte dos investidores iniciantes.

Desde a abertura da conta, passando ao envio dos recursos e ao primeiro acesso ao Home Broker, a ideia era guiar os primeiros passos com firmeza na hora de comprar ações pela primeira vez.

Uma vez as ações em carteira, entender o que fazer com ela, como esperar que ela se comporte e como utilizar os frutos deste investimento, desde retornos passivos como dividendos e aluguel, como ativos, como venda de opções cobertas.

Os juros compostos de quaisquer aplicações a longo prazo são ferramentas poderosíssimas de crescimento patrimonial. É muito conhecido o cálculo de que se Judas tivesse investido as 30 moedas de prata que ele recebeu por trair Jesus a 2% livre de inflação ao ano hoje seu herdeiro hoje teria toda a massa da Terra em prata, algo impossível. Tantos juros em tão longo prazo realmente não fazem sentido prático, mas não precisa ser algo tão intangível para que fique claro o quanto os juros podem trabalhar ao nosso favor em nossas próprias vidas.

Um único exemplo que mostra o impacto tão somente da reaplicação dos dividendos sobre as ações em carteira:

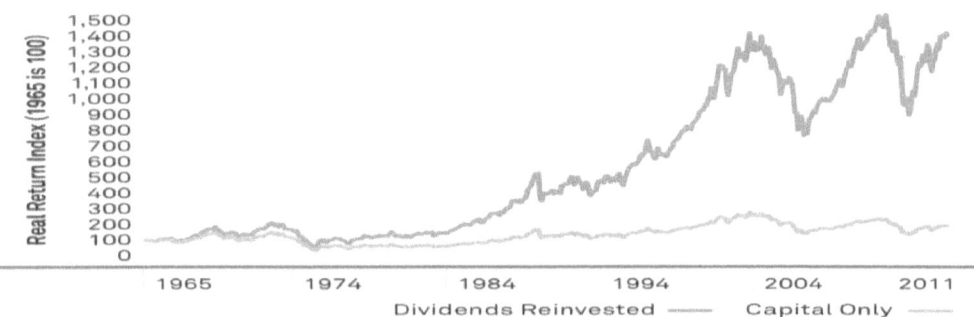

Fonte: Suno Research

Imagine só se colocássemos aportes mensais, aluguel de ações, opções cobertas, enfim. Toda essa renda sendo investida e reaplicada por um jovem universitário de 20 anos em 1965 faria dele, quase que seguramente, um senhor muito bem aposentado em 2011, com patamar financeiro muito mais alto do que quando começou e impensável para a sua mocidade. O objetivo desse livro foi instigar as pessoas a seguirem esse caminho na renda variável, sem medo e com segurança.

PARA SABER MAIS

www.bmfbovespa.com.br

www.xpi.com.br

www.triunoinvestimentos.com.br

https://www.linkedin.com/in/rodrigo-baldin-396039b7

www.ingramcontent.com/pod-product-compliance
Lightning Source LLC
Chambersburg PA
CBHW021809170526
45157CB00013B/3278